Salate für Vegetarier und Veganer

100 köstliche vegetarische und vegane Salat-Rezepte

Bettina Kohlmann

Salat-Rezepte

Vegetarische Salate

1. Avocado-Bulgur-Salat mit Ingwer-Dressing (scharf)

Portionen: 4-6 Personen

Zutaten:

- 6 Avocados
- 3 Tassen grob-körniger Bulgur/ Couscous
- 650 g Fleischtomaten
- 1 kleines Stück Ingwer
- 3 Knoblauchzehen
- 1 Chilischote
- 3 EL Honig
- Saft aus einer Zitrone
- 300 g Fetakäse
- 1 Schuss Rapsöl
- Salz und Pfeffer

Zubereitung:

1. Als Erstes den Bulgur waschen und verlesen.
2. Bulgur in einen Topf geben und so viel Wasser hinzufügen, dass der Bulgur leicht bedeckt ist. Anschließend den Bulgur weich kochen, bis sich das Wasser aufgelöst hat.
3. In der Zwischenzeit die Avocados halbieren, entkernen und das Fruchtfleisch grob würfeln.
4. Die Tomaten waschen, vom Strunk entfernen und in Stücke schneiden.
5. Ingwer und Knoblauch schälen und sehr fein zerdrücken.
6. Den Chili waschen, entkernen und klein hacken.
7. Nun den Käse aus der Salzlake nehmen und in Würfel schneiden.
8. Alle Zutaten, inklusive Bulgur, in eine Schüssel geben und umrühren.
9. Zum Schluss kräftig würzen und servieren.

2. Avocado-Feta-Salat

Portionen: 4-6 Personen

Zutaten:

- 5 Avocados
- 2 Schalotten
- 300 g Fetakäse
- 1 Handvoll Basilikum
- 1 Schuss Olivenöl
- Saft einer Zitrone
- Salz und Pfeffer

Zubereitung:

1. Als Zuerst die Avocados halbieren, entkernen und in Würfel schneiden.
2. Nun die Schalotten schälen und in feine Ringe schneiden.
3. Anschließend den Käse aus der Salzlake nehmen und ebenfalls in Würfel schneiden.
4. Basilikum waschen und grob hacken.
5. Alle Zutaten, außer Käse, in eine Schüssel geben, Öl und Zitronensaft hinzufügen, würzen und umrühren.
6. Zum Schluss Fetakäse hinzufügen und servieren.

3. Avocado-Kichererbsen-Salat mit Hirtenkäse (scharf)

Portionen: 4-6 Personen

Zutaten:

- 2 Dosen vorgekochte Kichererbsen
- 4-6 Avocados
- 300-400 g Hirtenkäse (2 Packungen)
- 6 Fleischtomaten
- 1 Bund glatte Petersilie
- 1 Handvoll Koriander
- Saft einer Zitrone
- 250 ml Rapsöl
- 1 kleine Chilischote
- 3 Knoblauchzehen
- Salz und Pfeffer

Zubereitung:

1. Die Kichererbsen durch ein Sieb geben und gründlich waschen.
2. Die Avocados halbieren, entkernen und das Fruchtfleisch in Würfel schneiden.
3. Nun den Käse aus der Salzlake nehmen und ebenfalls in Würfel schneiden.
4. Anschließen die Tomaten waschen, vom Strunk entfernen und grob hacken.
5. Petersilie und Koriander waschen und fein hacken.
6. Chilischote waschen, entkernen und ebenfalls klein hacken.
7. Nun den Knoblauch schälen und zerdrücken.
8. Zitronensaft, Chili, Öl, Petersilie, Koriander, Salz und Pfeffer in eine kleine Schüssel geben, umrühren und erstmal in den Kühlschrank stellen.
9. Die restlichen Zutaten in eine große Schüssel geben und umrühren.
10. Zum Schluss Dressing darüber geben und servieren.

4. Blumenkohl-Avocado-Salat

Portionen: 4-6 Personen

Zutaten:

- 1 Blumenkohlkopf
- 4 Avocados
- 1 kleines Bund Petersilie
- 200 g Creme Fraiche
- 150 g Naturjoghurt
- Salz und Pfeffer

Zubereitung:

1. Zuerst den Blumenkohl putzen und in Röschen schneiden.
2. Die Röschen in Salzwasser bissfest kochen und abkühlen lassen.
3. In der Zwischenzeit die Petersilie waschen und fein hacken.
4. Creme fraiche und Naturjoghurt vorab miteinander vermischen und cremig rühren.
5. Die Avocados halbieren, entkernen und das Fruchtfleisch würfeln.
6. Alle Zutaten in eine Schüssel geben und umrühren.
7. Zum Schluss kräftig würzen und servieren

5. Blumenkohl-Karotten-Salat mit Oliven

Portionen: 4-6 Personen

Zutaten:

- 1 Blumenkohlkopf
- 5 große Karotten
- 1 Dose Mais
- 400 g Naturjoghurt

- 5 EL Mayonnaise
- 3 EL Creme fraiche
- 1 Handvoll Glatte Petersilie
- Salz und Pfeffer

Zubereitung:

1. Als Erstes den Blumenkohl in Salzwasser bissfest kochen, umfüllen und komplett erkalten lassen.
2. In der Zwischenzeit die Karotten schälen, waschen und schmale Scheiben schneiden.
3. Den Mais durch ein Sieb geben, mehrmals waschen und abtropfen lassen.
4. Mayonnaise, Joghurt und Creme fraiche vorab miteinander vermischen und cremig rühren.
5. Nun die Petersilie waschen und fein hacken.
6. Alle Zutaten in eine Schüssel geben und umrühren.
7. Zum Schluss kräftig würzen und servieren.

6. Cole Slaw

Portionen: 4-6 Personen

Zutaten:

- 1 großen Kopf Weißkohl
- 2-3 Karotten
- 1 Zwiebel
- 150-170 g Mayonnaise

- 100 ml Buttermilch
- 50 ml Milch
- ½ TL Zucker
- Salz und Pfeffer

Zubereitung:

1. Zuerst den Weißkohl putzen und mit einer Reibe zerkleinern.
2. Die Karotten schälen, waschen und ebenfalls mit einer Reibe zerkleinern.
3. Nun die Zwiebel schälen und sehr fein hacken.
4. Mayonnaise, Buttermilch und Milch vorab miteinander vermischen.
5. Nun alle Zutaten in eine Schüssel geben und gut umrühren.
6. Zum Schluss würzen, abschmecken und servieren

7. Bratkartoffelsalat mit Joghurt

Portionen: 4-6 Personen

Zutaten:

- 750 g Kartoffeln
- 350 g Speckwürfel
- 2 Zwiebeln
- 500 g Naturjoghurt

- 200 g Creme fraiche
- Salz und Pfeffer
- Öl zum Braten

Zubereitung:

1. Zuerst die Kartoffel schälen, halbieren und in Salzwasser, gar kochen.
2. Die Zwiebel schälen und fein würfeln.
3. Creme fraiche und Joghurt vorab miteinander vermischen und cremig rühren.
4. Nun die Kartoffeln in Scheiben schneiden.
5. In einer großen Pfanne etwas öl erhitzen und die Zwiebeln anschwitzen.
6. Speck hinzufügen und ebenfalls leicht anbraten.
7. Anschließend die Kartoffeln hinzufügen und auf mittlerer Hitze braten. Kartoffeln nicht mehr umrühren, nur noch wenden.
8. Bratkartoffeln und Joghurt in eine Schüssel geben und vorsichtig umrühren.
9. Zum Schluss gut würzen und servieren.

8. Bulgur-Feta-Salat mit Roter Beete

Portionen: 4-6 Personen

Zutaten:

- 3 Tassen grobkörniger Bulgur (Couscous)
- 300 g Fetakäse
- 4 Rote Beete Knollen (vorgekocht)
- 2 Zwiebeln
- 1 Schuss Rapsöl
- Salz und Pfeffer

Zubereitung:

1. Bulgur und Wasser in einen Topf geben, etwas Salz hinzufügen und weich kochen.
2. Bulgur nun umfüllen und erkalten lassen.
3. Währenddessen den Käse aus der Salzlake nehmen und grob bröseln.
4. Die Rote Beete waschen, säubern und in Würfel schneiden.
5. Die Zwiebeln schälen und in feine Würfel schneiden.
6. Alle Zutaten in eine Schüssel geben und umrühren.
7. Öl hinzufügen, gut würzen und servieren.

9. Bulgursalat mit Ei

Portionen: 4-6 Personen

Zutaten:

- 3 Tassen feiner Bulgur/Couscous
- 6 Eier
- 500 g Feldsalat
- 2 Schalotten
- 4 Fleischtomaten
- 1 Schuss Olivenöl
- Salz und Pfeffer

Zubereitung:

1. Die Eier hart kochen, abschrecken, schälen und abkühlen lassen.
2. In der Zwischenzeit den Bulgur, mit etwa 150ml Wasser, aufquellen lassen.
3. Nun den Salat waschen und putzen.
4. Die Fleischtomaten waschen, vom Strunk entfernen und in kleine Würfel schneiden.
5. Anschließend die Schalotten schälen und in feine Würfel schneiden.
6. Danach die Eier in grobe Stücke schneiden.
7. Alle Zutaten in eine Schüssel geben und vorsichtig umrühren.
8. Öl hinzufügen, gut würzen und servieren.

10. Bunter Eiersalat

Portionen: 4-6 Personen

Zutaten:

- 6 Eier
- 3 Frühlingszwiebeln
- 200 g Gouda oder Emmentaler am Stück
- 2 Dosen Mais
- 1 Dose vorgekochte Erbsen
- 3 Fleischtomaten
- 300 g Naturjoghurt
- 250 g Creme fraiche
- Salz und Pfeffer

Zubereitung:

1. Zuerst die Eier hart kochen, abschrecken, schälen und erkalten lassen.
2. Die Frühlingszwiebeln schälen, waschen und in feine Röllchen schneiden.
3. Den Käse in kleine Würfel schneiden.
4. Nun Mais und Erbsen aus der Dose nehmen, durch ein Sieb geben und waschen.
5. Die Tomaten waschen, vom Strunk entfernen und in Stücke schneiden.
6. Creme fraiche und Joghurt vorab miteinander vermischen und cremig rühren.
7. Alle Zutaten in eine Schüssel geben und umrühren.
8. Zum Schluss würzen und servieren.

11. Caprese mit Basilikum

Portionen: 4-6 Personen

Zutaten:

- 1000 g Fleischtomaten
- 4-5 Packungen Mozzarella
- 1 großes Bund Basilikum
- etwas Balsamico
- 1 Schuss Olivenöl
- Salz und Pfeffer

Zubereitung:

1. Als Erstes die Tomaten waschen und in Scheiben schneiden.
2. Mozzarella aus der Salzlake nehmen und ebenfalls in Scheiben schneiden.
3. Mozzarella und Tomatenscheiben auf einer großen Platte anrichten.
4. Basilikum waschen und trocken tupfen.
5. Zum Schluss mit Öl und Balsamico beträufeln, mit Basilikum garnieren, gut würzen und servieren.

12. Einfacher Kartoffelsalat mit Creme fraiche

Portionen: 4-6 Personen

Zutaten:

- 750-1000 g Kartoffeln
- 2 Schalotten
- 5 kleine Gewürzgurken
- 50 ml Sahne oder Kaffeesahne (optional)
- 400 g Creme fraiche
- 200 g Naturjoghurt
- Salz und Pfeffer

Zubereitung:

1. Zuerst die Kartoffeln schälen, gar kochen und abkühlen lassen.
2. Die Schalotten schälen und in feine Würfel schneiden.
3. Nun die Gewürzgurken leicht trocken tupfen und ebenfalls fein würfeln.
4. Creme fraiche und Naturjoghurt miteinander vermischen und cremig rühren.
5. Anschließen die Kartoffeln in Scheiben schneiden.
6. Alle Zutaten nun in eine große Salatschüssel geben und gut umrühren.
7. Zum Schluss gut würzen und servieren.

13. Feta-Avocado-Salat mit Rote Beete

Portionen: 4-6 Personen

Zutaten:

- 300 g Fetakäse
- 5 Avocados
- 3 Rote Bete Knollen (vorgekocht)
- 1 Granatapfel

- 1 Handvoll Macadamia-Nüsse
- 1 kleines Bund glatte Petersilie
- 1 Schuss Olivenöl
- Salz und Pfeffer

Zubereitung:

1. Zuerst die Avocados halbieren, entkernen und in Würfel schneiden.
2. Die Rote Bete waschen, putzen und ebenfalls würfeln.
3. Nun den Granatapfel halbieren und die Kerne entnehmen.
4. Macadamia-Nüsse grob hacken.
5. Anschließend die Petersilie waschen und fein hacken.
6. Den Fetakäse aus der Salzlake nehmen und grob hacken.
7. Alle Zutaten in eine Schüssel geben und vermischen.
8. Zum Schluss Öl hinzufügen, gut würzen und servieren.

14. Gemischter Salat mit gebackenen Kichererbsen

Portionen: 4-6 Personen

Zutaten:

- 1 Dose vorgekochte Kichererbsen
- 750 g Feldsalat oder Rucola
- 2 Packungen Mozzarella Kugeln
- 2 TL Paprikapulver
- 3 gelbe Paprikaschoten
- 1 Schuss Olivenöl
- Saft einer halben Zitrone
- Salz und Pfeffer

Zubereitung:

1. Als Erstes den Ofen auf 180 Grad vorheizen.
2. Die Kichererbsen aus der Dose nehmen, durch ein Sieb geben, gründlich waschen und trocken tupfen.
3. Nun die Kichererbsen auf ein Blech geben, gut verteilen und für etwa 30 Minuten backen.
4. Währenddessen den Salat waschen und putzen.
5. Den Käse aus der Salzlake nehmen.
6. Paprikaschoten waschen, entkernen und in Streifen schneiden.
7. Alle Zutaten in eine Schüssel geben und umrühren.
8. Olivenöl und Zitronensaft hinzufügen, gut würzen und servieren.

15. Gemischter Salat mit Radieschen und Mozzarella

Portionen: 4-6 Personen

Zutaten:

- 2 Köpfe Eisbergsalat
- 8 Radieschen
- 2 Packungen Mozzarella Kugeln
- 2 gelbe Paprikaschoten
- Saft einer Zitrone
- 1 Schuss Rapsöl
- Pfeffer

Zubereitung:

1. Zuerst den Salat waschen und zurecht zupfen.
2. Die Radieschen säubern, den Strunk entfernen und in Scheiben schneiden.
3. Die Paprikaschoten waschen, entkernen und in Stücke schneiden.
4. Anschließend den Käse waschen.
5. Alle Zutaten in eine Schüssel geben und gründlich vermischen.
6. Zitronensaft und Olivenöl miteinander vermengen und über den Salat geben.
7. Zum Schluss gut würzen und servieren.

16. Griechischer Nudelsalat mit Hirtenkäse

Portionen: 4-6 Personen

Zutaten:

- 750 g Penne-Nudeln
- 100 g schwarze Oliven (entkernt)
- 250 g Hirtenkäse
- 1 Schuss Olivenöl
- 1 Bund glatte Petersilie
- Salz und Pfeffer

Zubereitung:

1. Zuerst die Nudeln, in Salzwasser, gar kochen und abkühlen lassen.
2. Nun die Oliven in feine Ringe schneiden.
3. Den Hirtenkäse aus der Salzlake nehmen und in kleine Würfel schneiden.
4. Anschließend die Petersilie waschen und fein hacken.
5. Alle Zutaten in eine Schüssel geben und gut umrühren.
6. Zum Schluss Öl hinzufügen, gut würzen und servieren.

17. Italienischer Aprikosensalat

Portionen: 4-6 Personen

Zutaten:

- 10 Aprikosen
- 3 Schalotten
- 500 g Rucola
- 250 g Fetakäse

- 3 TL getrocknetes Oregano
- 1 Schuss Olivenöl
- Salz und Pfeffer

Zubereitung:

1. Zuerst die Aprikosen waschen, entkernen und in grobe Stücke schneiden.
2. Rucola waschen und putzen.
3. Nun die Schalotten schälen und in feine Ringe schneiden.
4. Den Fetakäse aus der Salzlake nehmen, leicht trocken tupfen und grob zerbröseln.
5. Alle Zutaten, außer Fetakäse, in eine Schüssel geben, Öl hinzufügen, würzen und umrühren.
6. Zum Schluss Fetakäse hinzufügen und servieren.

18. Kalter Bohnen-Couscous-Salat mit Fetakäse

Portionen: 4-6 Personen

Zutaten:

- 3 Tassen feiner Couscous (Bulgur)
- 1 Dose Kidneybohnen
- 1 Bund glatte Petersilie
- etwas Koriander
- 3 Frühlingszwiebeln
- 300 g Fetakäse
- 1 Schuss Rapsöl/ Sonnenblumenöl
- Salz und Pfeffer

Zubereitung:

1. Als Erstes den Couscous gründlich waschen und verlesen.
2. Den Couscous in eine Schüssel geben, 150ml kaltes Wasser hinzufügen und für etwa 15-20 Minuten quellen lassen.
3. In der Zwischenzeit die Bohnen aus der Dose nehmen, durch ein Sieb geben und gründlich waschen.
4. Petersilie und Koriander waschen und sehr fein hacken.
5. Nun die Zwiebeln schälen, putzen und in feine Röllchen schneiden.
6. Den Fetakäse aus der Salzlake nehmen und grob zerbröseln.
7. Alle Zutaten in eine große Salatschüssel geben und umrühren.
8. Zum Schluss Olivenöl hinzufügen, gut würzen, mit Fetakäse garnieren und servieren.

19. Kartoffel-Feta-Salat mit Frühlingszwiebeln

Portionen: 4-6 Personen

Zutaten:

- 1000 g Kartoffeln
- 250 g Fetakäse
- 4 Frühlingszwiebeln
- 10 Radieschen
- 1 Handvoll Nüsse (Walnüsse oder Mandeln)
- 400 g Naturjoghurt
- Salz und Pfeffer

Zubereitung:

1. Als Erstes die Kartoffeln schälen, würfeln, in Salzwasser gar kochen und komplett abkühlen lassen.
2. In der Zwischenzeit den Käse würfeln.
3. Nun die Frühlingszwiebeln schälen, waschen und in Ringe schneiden.
4. Die Radieschen waschen, putzen und in Scheiben schneiden.
5. Die Nüsse grob hacken.
6. Alle Zutaten, inklusive Joghurt, in eine Schüssel geben und umrühren.
7. Zum Schluss kräftig würzen und servieren.

20. Käse-Eier-Salat

Portionen: 4-6 Personen

Zutaten:

- 12 Eier
- 250-300 g Käse am Stück (Emmentaler oder Gouda)
- 5 Schnittlauchhalme
- 100 g Mayonnaise

- 2 EL mittelscharfer Senf
- 3 EL Weißweinessig
- 300 g Naturjoghurt
- Salz und Pfeffer

Zubereitung:

1. Zuerst die Eier hart kochen, abschrecken, schälen und abkühlen lassen.
2. Den Käse in kleine Würfel schneiden.
3. Mayonnaise, Joghurt, Senf und Essig vorab miteinander vermischen und umrühren.
4. Schnittlauch waschen und in feine Röllchen schneiden.
5. Die Eier nun klein hacken.
6. Alle Zutaten in eine Schüssel geben und umrühren.
7. Zum Schluss gut würzen und servieren.

21. Käse-Spinat-Salat mit Bulgur

Portionen: 4-6 Personen

Zutaten:

- 2 Packungen Babyspinat
- 2 Tassen feinen Bulgur
- etwa 100 ml Wasser für den Bulgur

- 10 Cherrytomaten
- 250 g Gouda am Stück
- 1 Schuss Olivenöl
- Salz und Pfeffer

Zubereitung:

1. Als Erstes den Bulgur waschen und verlesen.
2. Wasser und Bulgur vermengen und etwa 10 Minuten ruhen lassen.
3. In der Zwischenzeit die Cherrytomaten waschen, vom Strunk entfernen und vierteln.
4. Nun den Käse in kleine Würfel schneiden.
5. Spinat, Bulgur und Cherrytomaten in eine Schüssel geben und verrühren.
6. Zum Schluss Olivenöl hinzufügen, mit Käsewürfel garnieren und servieren.

22. Kichererbsen-Joghurt-Salat

Portionen: 4-6 Personen

Zutaten:

- 2 Dosen vorgekochte Kichererbsen
- 500 g Naturjoghurt
- 1 Handvoll frische Minze
- 650-750 g Fleischtomaten
- Saft einer halben Zitrone
- Salz und Pfeffer
- 1 Schuss Olivenöl

Zubereitung:

1. Als Erstes die Kichererbsen durch ein Sieb geben und gründlich waschen.
2. Die Tomaten waschen, vom Strunk entfernen und in Stücke schneiden.
3. Nun die Frische Minze waschen und fein hacken.
4. Alle Zutaten in eine Schüssel geben und umrühren.
5. Zum Schluss Öl hinzufügen, gut würzen und servieren.

23. Kunterbunter Nudelsalat

Portionen: 4-6 Personen

Zutaten:

- 750 g Spiralnudeln
- 5 Karotten
- 1 Kopf Brokkoli
- 100 g schwarze Oliven (kleines Glas)
- 1-2 Salatgurken

- 15 Cherrytomaten /Kirschtomaten
- 2 Schalotten
- 1 Schuss Olivenöl
- Salz und Pfeffer

Zubereitung:

1. Die Nudeln, in Salzwasser, gar kochen und abkühlen lassen.
2. Nun den Brokkoli in kleine Röschen schneiden, in Wasser bissfest kochen, abschrecken und ebenfalls erkalten lassen.
3. Karotten schälen, waschen und in schmale Scheiben schneiden.
4. Die Oliven aus dem Glas nehmen, waschen und grob hacken.
5. Nun die Tomaten waschen, vom Strunk entfernen, halbieren oder vierteln.
6. Anschließend die Schalotten schälen und in kleine Würfel hacken.
7. Alle Zutaten in eine Schüssel geben und umrühren.
8. Zum Schluss würzen und servieren.

24. Mango-Mozzarella-Salat

Portionen: 4-6 Personen

Zutaten:

- 5 Mangos
- 375 g Mozzarella (3 Packungen)
- 2 Schalotten
- 1 kleines Bund Koriander
- 1 Schuss Rapsöl
- Salz und Pfeffer

Zubereitung:

1. Als Erstes die Mangos schälen, das Fruchtfleisch vom Kern entfernen und in Würfel schneiden.
2. Den Mozzarella aus der Salzlake nehmen und ebenfalls würfeln.
3. Nun die Schalotten schälen und in Ringe schneiden.
4. Koriander waschen und sehr fein hacken.
5. Alle Zutaten in eine Schüssel geben und umrühren.
6. Nochmals würzen und sofort servieren.

25. Mexikanischer Schichtsalat

Portionen: 4-6 Personen

Zutaten:

- 500 g reines Rinderhackfleisch
- 2 Dosen Mais
- 2 Dosen Kidneybohnen
- 1 Kopf Eisbergsalat
- 3 Schalotten oder Zwiebeln
- 1 Flasche Salsa-Sauce
- 600 g Fleischtomaten
- Salz und Pfeffer
- Öl zum Braten

Zubereitung:

1. Als Erstes die Schalotten oder Zwiebeln schälen und fein würfeln.
2. In einer großen Pfanne etwas Öl erhitzen, Zwiebeln andünsten, Hackfleisch hinzufügen und braten.
3. Eisbergsalat waschen und klein hacken.
4. Mais und Kidneybohnen durch ein Sieb geben und gründlich waschen.
5. Nun wird der Salat, nach Belieben, geschichtet. Die Reihenfolge kann nach Wahl selbst bestimmt werden.

26. Nudel-Erbsen-Salat mit Joghurt

Portionen: 4-6 Personen

Zutaten:

- 750 g Farfalle
- 1 große Dose vorgekochte Erbsen
- 750 g Naturjoghurt
- 2 TL Zucker
- Salz und Pfeffer

Zubereitung:

1. Die Nudeln, in Salzwasser, gar kochen und abkühlen lassen.
2. Die Erbsen aus der Dose nehmen, durch ein Sieb geben und waschen.
3. Alle Zutaten nun in eine Salatschüssel geben und gründlich verrühren.
4. Zum Schluss gut würzen, abschmecken und servieren.

27. Nudel-Mozzarella-Salat mit getrockneten Tomaten

Portionen: 4-6 Personen

Zutaten:

- 1 Packung Farfalle
- 300 g Mozzarella
- 120 g getrocknete Tomaten
- 1 Bund glatte Petersilie
- 1 Schuss Olivenöl
- 2 Knoblauchzehen
- Salz und Pfeffer

Zubereitung:

1. Als Erstes die Nudeln, in Salzwasser, gar kochen und abkühlen lassen.
2. In der Zwischenzeit den Käse grob zurecht zupfen.
3. Nun die Tomaten grob hacken.
4. Anschließend den Knoblauch schälen und in Scheiben schneiden.
5. Die Petersilie waschen und fein hacken.
6. Alle Zutaten in eine Schüssel geben und umrühren.
7. Zum Schluss Öl hinzufügen, kräftig würzen und servieren.

28. Nudelsalat mit Basilikum-Pesto

Portionen: 4-6 Personen

Zutaten:

- 750 g Rigatoni Nudeln (oder andere)
- 350 g Mozzarella Käse
- 10 Cherrytomaten/ Kirschtomaten
- 3 Bund Basilikum
- 2 Knoblauchzehen
- 30 g Pinienkerne
- 200 ml Olivenöl
- Salz und Pfeffer
- 2 EL Rapsöl zum Braten

Zubereitung:

1. Die Nudeln, in Salzwasser, gar kochen und abkühlen lassen.
2. Den Käse aus der Salzlake nehmen, leicht trocken tupfen und grob zupfen.
3. Nun die Tomaten waschen, vom Strunk entfernen, halbieren oder vierteln.
4. In einer Pfanne das Öl erhitzen und die Pinienkerne anrösten.
5. Knoblauch schälen und halbieren.
6. Basilikum waschen und leicht trocken tupfen.
7. Knoblauch, Basilikum, Pinienkerne, Olivenöl, Salz und Pfeffer in einen Zerkleinerer geben und fein pürieren.
8. Alle Zutaten in eine Schüssel geben, umrühren und servieren.

29. Nudel-Zucchini-Salat mit Feta

Portionen: 4-6 Personen

Zutaten:

- 750 g Farfalle-Nudeln
- 2 gelbe Zucchini
- 2 grüne Zucchini
- 15 Cherrytomaten/ Kirschtomaten

- 1 Schuss Olivenöl
- 200 g Fetakäse
- 2 Knoblauchzehen
- Salz und Pfeffer

Zubereitung:

1. Als Erstes die Nudeln, in Salzwasser, gar kochen, abgießen und erkalten lassen.
2. Die Zucchini gründlich putzen, säubern, längs halbieren und in Scheiben schneiden.
3. Nun die Tomaten waschen und halbieren.
4. Anschließend den Knoblauch schälen und in feine Scheiben schneiden.
5. Den Käse aus der Salzlake nehmen und grob zerbröseln.
6. Alle Zutaten, außer den Käse, in eine Schüssel geben und umrühren.
7. Zum Schluss Olivenöl hinzufügen, gut würzen, mit Käse garnieren und servieren.

30. Oliven-Feta-Salat

Portionen: 4-6 Personen

Zutaten:

- 100 g schwarze Oliven (entkernt)
- 350 g Fetakäse oder Hirtenkäse
- 3 Schalotten
- 1 Bund glatte Petersilie
- 2 Knoblauchzehen
- Saft einer halben Zitrone
- 1 Schuss Rapsöl
- Salz und Pfeffer

Zubereitung:

1. Zuerst die Schalotten schälen und in hauchdünne Ringe schneiden.
2. Die Petersilie waschen und sehr fein hacken.
3. Nun den Knoblauch schälen und in feine Scheiben schneiden.
4. Die Oliven aus dem Glas nehmen und in Ringe schneiden.
5. Anschließend den Käse aus der Salzlake nehmen und klein würfeln.
6. Alle Zutaten in eine Schüssel geben und vorsichtig umrühren.
7. Zitronensaft und Öl hinzufügen, gut würzen und servieren.

31. Paprika-Mozzarella-Salat

Portionen: 4-6 Personen

Zutaten:

- 350 g Mozzarella Kugeln
- 3 gelbe Paprikaschoten
- 3 orange Paprikaschoten
- 2 rote Paprikaschoten

- 1 Bund glatte Petersilie
- 1 Schuss Olivenöl
- Salz und Pfeffer

Zubereitung:

1. Als Erstes Paprikaschoten waschen, entkernen und in Würfel schneiden.
2. Die Mozzarella Kugeln aus der Salzlake nehmen und leicht trocken tupfen.
3. Nun die Petersilie waschen und sehr fein hacken.
4. Alle Zutaten in eine Salatschüssel geben und umrühren.
5. Etwas Olivenöl dazugeben, gut würzen und servieren.

32. Rote-Beete-Salat mit Büffelmozzarella

Portionen: 4-6 Personen

Zutaten:

- 4 Rote-Bete-Knollen (vorgekocht)
- 250 g Büffelmozzarella
- 2-3 Schalotten
- ½ Bund glatte Petersilie
- 1 Schuss Rapsöl
- Salz und Pfeffer

Zubereitung:

1. Zuerst die Rote Bete waschen, putzen und in Würfel schneiden.
2. Den Mozzarella aus der Salzlake nehmen und in Stücke zupfen.
3. Nun die Schalotten schälen und in hauchdünne Ringe schneiden.
4. Anschließend die Petersilie waschen und fein hacken.
5. Alle Zutaten in eine Schüssel geben und umrühren.
6. Öl hinzufügen, kräftig würzen und servieren.

33. Schneller Bohnen-Eier-Salat mit Schalotten

Portionen: 4-6 Personen

Zutaten:

- 2 Dose Kidneybohnen
- 2 Schalotten
- 6 Eier
- 1 Schuss Olivenöl
- Salz und Pfeffer

Zubereitung:

1. Als Erstes die Eier hart kochen, abschrecken, schälen und abkühlen lassen.
2. In der Zwischenzeit die Schalotten schälen und in feine Würfel schneiden.
3. Anschließend die Kidneybohnen aus der Dose nehmen, durch ein Sieb geben und sehr gründlich waschen.
4. Die Eier nun vierteln oder in grobe Stücke schneiden.
5. Alle Zutaten in eine Schüssel geben und sehr vorsichtig umrühren.
6. Zum Schluss gut würzen, Öl hinzufügen und servieren.

34. Schneller Maissalat

Portionen: 4-6 Personen

Zutaten:

- 3 Dosen Mais
- 2 Packungen Babyspinat
- 500 g Naturjoghurt
- 1 Handvoll Koriander
- 3 Frühlingszwiebeln
- Salz und Pfeffer

Zubereitung:

1. Den Mais aus der Dose nehmen, durch ein Sieb geben und waschen.
2. Babyspinat waschen und gründlich putzen.
3. Nun den Koriander waschen und grob hacken.
4. Die Frühlingszwiebeln schälen, waschen und in Röllchen schneiden.
5. Anschließend alle Zutaten in eine Schüssel geben und umrühren.
6. Zum Schluss würzen und servieren.

35. Schneller Tomaten-Gurken-Salat mit Fetakäse

Portionen: 4-6 Personen

Zutaten:

- 300-350 g Fetakäse
- 3 Salatgurken
- 600 g Fleischtomaten
- 1 Schuss Rapsöl
- Salz und Pfeffer

Zubereitung:

1. Den Käse aus der Salzlake nehmen und grob zerbröseln.
2. Nun die Gurke waschen, putzen, längs halbieren und in Stücke schneiden.
3. Die Tomaten waschen, vom Strunk entfernen und in kleine Würfel schneiden.
4. Alle Zutaten in eine Schüssel geben und vorsichtig umrühren.
5. Öl hinzufügen, gut würzen und servieren.

36. Spaghettisalat mit Knoblauch-Joghurt

Portionen: 4-6 Personen

Zutaten:

- 2 Packungen Spaghetti
- 500-600 g Naturjoghurt
- 3 EL getrocknete Minze
- 3 Knoblauchzehen
- etwas Öl zum Braten

Zubereitung:

1. Zuerst die Spaghetti, in Salzwasser, gar kochen und leicht abkühlen lassen.
2. Knoblauch schälen und sehr fein zerdrücken.
3. Nun die Minze zum Knoblauch hinzufügen und gründlich vermischen.
4. In einem Topf etwas Öl erhitzen, Knoblauch-Minze dazugeben und umrühren.
5. Nun Spaghetti und Joghurt hinzugeben, gründlich umrühren und gut würzen.
6. Zum Schluss den Salat in eine Schüssel geben und servieren.

37. Spinat-Blutorangen-Salat mit Fetakäse

Portionen: 4-6 Personen

Zutaten:

- 3 Packungen frischer Babyspinat
- 4 Blutorangen
- 300 g Fetakäse
- 1 Schuss Olivenöl
- Salz und Pfeffer

Zubereitung:

1. Als Erstes den Spinat waschen und putzen.
2. Die Blutorangen schälen und filetieren.
3. Nun den Fetakäse aus der Salzlake nehmen und in Würfel schneiden.
4. Alle Zutaten in eine Schüssel geben und umrühren.
5. Zum Schluss Olivenöl hinzufügen, gut würzen und servieren.

38. Spinat-Feta-Salat mit frittiertem Blumenkohl

Portionen: 4-6 Personen

Zutaten:

- 1 Kopf Blumenkohl
- 2 Packungen Babyspinat
- 400 g Fetakäse
- 1 Schuss Rapsöl
- Salz und Pfeffer

Zubereitung:

1. Den Blumenkohl putzen, in kleine Röschen schneiden, goldbraun frittieren, gut salzen und abkühlen lassen.
2. Den Spinat waschen und gründlich putzen.
3. Nun den Käse aus der Salzlake nehmen, leicht trocken tupfen und grob hacken.
4. Alle Zutaten in eine Schüssel geben und umrühren.
5. Zum Schluss etwas würzen und servieren.

39. Spinat-Kartoffel-Salat mit Joghurt

Portionen: 4-6 Personen

Zutaten:

- 2 Packungen frischer Babyspinat
- 500 g Naturjoghurt
- 750 g Kartoffeln
- 7 Radieschen
- 3 Frühlingszwiebeln
- Salz und Pfeffer

Zubereitung:

1. Zuerst die Kartoffeln schälen, in Salzwasser gar kochen und abkühlen lassen.
2. In der Zwischenzeit den Spinat waschen und putzen.
3. Die Radieschen waschen und in dünne Scheiben schneiden.
4. Nun die Frühlingszwiebeln waschen, säubern und in Röllchen schneiden.
5. Alle Zutaten in eine Schüssel geben und umrühren.
6. Zum Schluss gut würzen und servieren.

40. Spinat-Orangen-Salat mit Pinienkernen und Mozzarella

Portionen: 4-6 Personen

Zutaten:

- 750 g frischer Babyspinat
- 5 Orangen
- 70 g Pinienkerne
- 250 g Mozzarella Kugeln
- 2 Schalotten
- Saft aus 2 Orangen für das Dressing
- 1 Schuss Olivenöl
- Saft einer halben Zitrone
- Salz und Pfeffer
- Butter oder Öl zum Braten

Zubereitung:

1. Zuerst den Babyspinat waschen und gründlich putzen.
2. Die Orangen schälen und filetieren.
3. In einer Pfanne etwas Öl oder Butter erhitzen, die Pinienkerne goldbraun rösten und abkühlen lassen.
4. Nun die Schalotten schälen und in Ringe schneiden.
5. Anschließend den Käse aus der Salzlake entnehmen.
6. Für das Dressing werden Orangensaft, Zitronensaft, Öl, Salz und Pfeffer miteinander vermischt und umgerührt.
7. Nun alle Zutaten in eine Schüssel geben und umrühren.
8. Zum Schluss dazu Dressing hinzufügen und servieren.

41. Thunfisch-Nudel-Salat

Portionen: 4-6 Personen

Zutaten:

- 750 g frischer Babyspinat
- 5 Orangen
- 70 g Pinienkerne
- 250 g Mozzarella Kugeln
- 2 Schalotten

- Saft aus 2 Orangen für das Dressing
- 1 Schuss Olivenöl
- Saft einer halben Zitrone
- Salz und Pfeffer
- Butter oder Öl zum Braten

Zubereitung:

1. Zuerst die Nudeln in Salzwasser kochen und abkühlen lassen.
2. Den Fisch aus der Dose nehmen und in eine Schüssel geben.
3. Mayonnaise, Joghurt und Thunfisch vorab miteinander vermengen und gut umrühren.
4. Nun den Mais aus der Dose nehmen, durch ein Sieb geben und waschen.
5. Alle Zutaten in eine Schüssel geben und umrühren.
6. Zum Schluss nochmals würzen und servieren.

42. Tomaten-Mozzarella-Salat mit Oliven

Portionen: 4-6 Personen

Zutaten:

- 750 g Fleischtomaten
- 400 g Mozzarella Kugeln
- 1 Bund glatte Petersilie
- 120 g schwarze Oliven (entkernt)
- 1 Schuss Olivenöl
- Salz und Pfeffer

Zubereitung:

1. Als Erstes die Oliven in Röllchen oder Stücke schneiden.
2. Die Tomaten waschen, vom Strunk entfernen und in größere Würfel schneiden.
3. Anschließend den Käse aus der Salzlake nehmen und leicht trocken tupfen.
4. Die Petersilie waschen und fein hacken.
5. Alle Zutaten nun in eine Schüssel geben und umrühren.
6. Zum Schluss Öl hinzufügen, kräftig würzen und servieren.

43. Tomaten-Tzatziki-Salat

Portionen: 4-6 Personen

Zutaten:

- 1000 g Fleischtomaten
- 500 g Naturjoghurt
- 6 Schnittlauchhalme
- 2 Knoblauchzehen
- 1 Bund glatte Petersilie
- 1 kleine Salatgurke
- Salz und Pfeffer

Zubereitung:

1. Die Tomaten waschen, vom Strunk entfernen und in grobe Würfel schneiden.
2. Schnittlauch waschen und in feine Röllchen schneiden.
3. Nun die Petersilie waschen und sehr fein hacken.
4. Anschließend den Knoblauch schälen und in feine Scheiben schneiden.
5. Die Salatgurke schälen und in kleine Würfel schneiden.
6. Alle Zutaten in eine Schüssel geben und umrühren.
7. Zum Schluss nochmals gut würzen und servieren.

44. Zwiebelsalat mit Orangen-Kokos-Dressing

Portionen: 4-6 Personen

Zutaten:

- 5-7 Zwiebeln
- 350 g Mozzarella Kugeln
- 5-7 Orangen für das Dressing
- 3 EL Kokosöl
- Salz und Pfeffer

Zubereitung:

1. Als Erstes die Zwiebeln schälen und in hauchdünne Ringe schneiden.
2. Mozzarella aus der Salzlake nehmen und leicht trocken tupfen.
3. Das Kokosöl zum Schmelzen bringen und mit Orangensaft vermischen.
4. Alle Zutaten in eine Schüssel geben und umrühren.
5. Zum Schluss das Dressing hinzufügen, kräftig würzen und servieren.

Vegane Salate

45. Apfel-Avocado-Salat

Portionen: 4-6 Personen

Zutaten:

- 5 rote Äpfel
- 5 Avocados
- 2 Packungen Rucola
- 1 Schuss Rapsöl
- 2 EL Honig oder Agavendicksaft
- Salz und Pfeffer

Zubereitung:

1. Die roten Äpfel waschen, entkernen und in Würfel schneiden.
2. Nun die Avocados ebenfalls halbieren, entkernen und würfeln.
3. Rucola waschen und putzen.
4. Alle Zutaten in eine Schüssel geben und umrühren.
5. Zum Schluss Öl und Honig hinzufügen, würzen und servieren.

46. Avocado-Bulgur-Salat mit Koriander

Portionen: 4-6 Personen

Zutaten:

- 5 Avocados
- 2 Tassen feiner Bulgur/Couscous
- 1 Bund Koriander
- 1 Bund glatte Petersilie
- 2 Zwiebeln
- Saft einer Zitrone
- 1 Schuss Olivenöl oder Rapsöl
- Salz und Pfeffer

Zubereitung:

1. Als Erstes den Bulgur, mit etwa 120ml Wasser, aufquellen lassen.
2. Währenddessen die Avocados halbieren, entkernen und in Stücke schneiden.
3. Petersilie und Koriander waschen und sehr fein hacken.
4. Nun die Zwiebel schälen und fein würfeln.
5. Alle Zutaten in eine Schüssel geben und umrühren.
6. Zitronensaft und Öl hinzufügen, gut würzen und servieren.

47. Avocado-Kichererbsen-Salat

Portionen: 4-6 Personen

Zutaten:

- 5 Avocados
- 1 Dose vorgekochte Kichererbsen
- 1 Bund glatte Petersilie

- 3 Zwiebeln
- 1 Schuss Olivenöl
- Saft einer Zitrone
- Salz und Pfeffer

Zubereitung:

1. Die Avocados halbieren, entkernen und das Fruchtfleisch in Würfel schneiden.
2. Nun die Kichererbsen durch ein Sieb geben und waschen.
3. Anschließend die Petersilie waschen und fein hacken.
4. Die Zwiebeln schälen und in dünne Ringe schneiden.
5. Alle Zutaten in eine Schüssel geben und umrühren.
6. Zum Schluss Zitronensaft hinzufügen, gut würzen und servieren.

48. Avocado-Mango-Salat mit Chili (scharf)

Portionen: 4-6 Personen

Zutaten:

- 4 Avocados
- 3 Mangos
- 2 Schalotten

- 1 Chilischote
- 1 Schuss Olivenöl oder Rapsöl
- Salz und Pfeffer

Zubereitung:

1. Die Avocados halbieren, entkernen und das Fruchtfleisch in Würfel schneiden.
2. Die Mangos schälen, das Fruchtfleisch vom Kern entfernen und ebenfalls würfeln.
3. Nun die Schalotten schälen und in feine Würfel hacken.
4. Anschließend die Chilischote waschen, die Kerne entfernen und klein hacken.
5. Alle Zutaten in eine Schüssel geben und umrühren.
6. Zum Schluss Öl hinzufügen, würzen und servieren.

49. Avocado-Pilz-Salat

Portionen: 4-6 Personen

Zutaten:

- 4 Avocados
- 2 Packungen braune Champignons
- 2 Schalotten
- 2 Knoblauchzehen
- 1 Schuss Olivenöl
- etwas Balsamico
- Salz und Pfeffer

Zubereitung:

1. Die Avocados halbieren, entkernen, das Fruchtfleisch heraus löffeln und in Würfel schneiden.
2. Nun die Champignons putzen und in Scheiben schneiden.
3. Die Schalotten schälen und in kleine Würfel schneiden.
4. Anschließend den Knoblauch ebenfalls schälen und in Scheiben schneiden.
5. Alle Zutaten in eine Schüssel geben und umrühren.
6. Olivenöl mit Balsamico vermischen und hinzufügen.
7. Zum Schluss gut würzen und servieren.

50. Avocado-Salsa-Salat

Portionen: 4-6 Personen

Zutaten:

- 5 Avocados
- 600 g Fleischtomaten
- 2 Schalotten
- ½ Flasche Salsasauce

- 2 gelbe Paprikaschoten
- 1 grüne Paprikaschote
- Salz und Pfeffer

Zubereitung:

1. Als Erstes die Avocados halbieren, entkernen und in grobe Würfel schneiden.
2. Nun die Fleischtomaten waschen, vom Strunk entfernen und ebenfalls würfeln.
3. Anschließend die Schalotten schälen und in feine Würfel schneiden.
4. Danach die Paprikaschoten waschen, entkernen und in Stücke schneiden.
5. Alle Zutaten nun in eine Schüssel geben und umrühren.
6. Zum Schluss kräftig würzen und servieren.

51. Avocado-Spinat-Salat mit getrockneten Tomaten

Portionen: 4-6 Personen

Zutaten:

- 2 Packungen frischer Babyspinat
- 1 kleine Packung Feldsalat
- 3 Avocados
- 1 Handvoll getrocknete Tomaten
- 1 Handvoll Walnüsse
- 2 Schalotten
- 1 Schuss Olivenöl
- Saft einer halben Zitrone
- Salz und Pfeffer

Zubereitung:

1. Babyspinat und Feldsalat waschen und gründlich putzen.
2. Die Avocados halbieren, entkernen und das Fruchtfleisch in Streifen schneiden.
3. Nun die getrockneten Tomaten und die Walnüsse grob hacken.
4. Anschließend die Schalotten schälen und in feine Ringe schneiden.
5. Alle Zutaten in eine Salatschüssel geben und umrühren.
6. Olivenöl und Zitronensaft vorab vermischen.
7. Zum Schluss das Dressing darübergeben, gut würzen und servieren.

52. Avocado-Tomaten-Salat mit Schalotten

Portionen: 4-6 Personen

Zutaten:

- 5 Avocados
- 500-750 g Fleischtomaten
- 4 Schalotten
- 1 großes Bund Petersilie

- Saft einer Zitrone
- 1 Schuss Olivenöl oder Rapsöl
- Salz und Pfeffer

Zubereitung:

1. Die Avocados halbieren, den Kern entfernen, das Fruchtfleisch heraus löffeln und in mittelgroße Würfel schneiden.
2. Nun die Tomaten waschen, vom Strunk entfernen und ebenfalls würfeln.
3. Anschließend die Schalotten schälen, halbieren und in Ringe schneiden.
4. Die Petersilie waschen und sehr fein hacken.
5. Alle Zutaten in eine Salatschüssel geben und gründlich umrühren.
6. Öl, Zitronensaft, Pfeffer und Salz dazugeben, erneut umrühren und servieren.

53. Bananen-Avocado-Salat

Portionen: 4-6 Personen

Zutaten:

- 2 Bananen
- 4 Avocados
- 3 Schalotten

- 1 Schuss Olivenöl
- Salz und Pfeffer

Zubereitung:

1. Zuerst die Bananen schälen und in Scheiben schneiden.
2. Die Avocados halbieren, entkernen und das Fruchtfleisch würfeln.
3. Nun die Schalotten schälen und in Ringe schneiden.
4. Alle Zutaten in eine Schüssel geben und vorsichtig umrühren.
5. Öl hinzufügen, würzen und servieren.

54. Bananen-Vanille-Salat mit Rosinen

Portionen: 4-6 Personen

Zutaten:

- 6 Bananen
- 400 g Vanille-Pudding (gekauft oder selbstgemacht)
- 50 g Rosinen

Zubereitung:

1. Zuerst die Bananen schälen und in Scheiben schneiden.
2. Vanillepudding vorab cremig rühren und unter die Bananen heben.
3. Zum Schluss Rosinen hinzufügen und servieren.

55. Beeren-Quark-Salat mit Oreos

Portionen: 4-6 Personen

Zutaten:

- 350 g Brombeeren
- 400 g Erdbeeren
- 200 g Heidelbeeren
- 400 g Frischkäse

- Saft einer Zitrone
- 2 EL Vanillezucker
- 200 g Schlagsahne
- 7-10 Oreos

Zubereitung:

1. Zuerst den Frischkäse, mit Zucker und Zitrone vermengen und cremig rühren.

2. Schlagsahne separat aufschlagen und unter den Quark heben. Das Ganze erstmal in den Kühlschrank stellen.

3. In der Zwischenzeit Brombeeren und Heidelbeeren waschen und verlesen.

4. Erdbeeren waschen, vom Strunk entfernen, vierteln oder in Stücke schneiden.

5. Das gesamte Obst nun zum Quark geben und vorsichtig umrühren.

6. Nun die Oreos in einen Gefrierbeutel geben und mit einem schweren Gegenstand, grob zerbröckeln.

7. Die Oreos nun zum Salat geben, kurz umrühren und servieren.

56. Bohnen-Ananas-Salat mit Basilikum

Portionen: 4-6 Personen

Zutaten:

- 2 Dosen weiße Bohnen (vorgekocht)
- 1 Ananas
- 2 EL Chia-Samen (optional)
- 1 kleines Bund Basilikum
- 1 Schuss Olivenöl
- Salz und Pfeffer

Zubereitung:

1. Als Erstes die Bohnen durch ein Sieb geben und gründlich waschen.
2. Nun die Ananas schälen und in Stücke schneiden.
3. Basilikum waschen und grob hacken.
4. Alle Zutaten in eine Schüssel geben und umrühren.
5. Zum Schluss Öl hinzufügen, gut würzen und servieren.

57. Bohnen-Tomaten-Salat mit Kräuter

Portionen: 4-6 Personen

Zutaten:

- 1 große Dose vorgekochte weiße Bohnen
- 750g Fleischtomaten
- 2 Schalotten

- 1 Bund glatte Petersilie
- 1 Handvoll Koriander
- 1 Schuss Olivenöl
- Salz und Pfeffer

Zubereitung:

1. Zuerst die Bohnen durch ein Sieb geben und gründlich waschen.
2. Nun die Tomaten waschen, vom Strunk entfernen und in Stücke schneiden.
3. Anschließend die Schalotten schälen und fein würfeln.
4. Petersilie und Koriander waschen und fein hacken.
5. Alle Zutaten in eine Schüssel geben und umrühren.
6. Zum Schluss Öl hinzufügen, gut würzen und servieren.

58. Brokkoli-Nudel-Salat

Portionen: 4-6 Personen

Zutaten:

- 1 Kopf Brokkoli
- 1 Packungen Spiralnudeln
- 2 Tassen vorgekochte Erbsen
- 1 Schuss Olivenöl
- 1 Bund glatte Petersilie
- Salz und Pfeffer

Zubereitung:

1. Zuerst den Brokkoli putzen und in kleine Röschen schneiden.
2. Die Röschen nun in einen Topf geben und bissfest kochen.
3. In der Zwischenzeit die Nudeln, in Salzwasser, ebenfalls gar kochen und abkühlen lassen.
4. Anschließend die Petersilie waschen und fein hacken.
5. Alle Zutaten in eine Schüssel geben und umrühren.
6. Zum Schluss Öl hinzufügen, gut würzen und servieren.

59. Erdbeer-Gurken-Salat

Portionen: 4-6 Personen

Zutaten:

- 650 g frische Erdbeeren
- 3 Salatgurken
- 1 Bund frische Minze
- Pfeffer

Zubereitung:

1. Als Erstes die Erdbeeren waschen, vom Strunk entfernen und in Scheiben schneiden.
2. Nun die Salatgurken waschen, putzen, längs halbieren und in Stücke schneiden.
3. Anschließend die frische Minze waschen und fein hacken.
4. Alle Zutaten in eine Schüssel geben und umrühren.
5. Zum Schluss würzen und servieren.

60. Feldsalat mit Cherrytomaten und Orangen

Portionen: 4-6 Personen

Zutaten:

- 700 g Feldsalat
- 5 Orangen
- 2 Orangen für das Dressing
- 3 EL Chia-Samen

- 12-15 Cherrytomaten
- 3 Schalotten
- 1 Schuss Olivenöl
- Salz und Pfeffer

Zubereitung:

1. Zuerst den Feldsalat waschen und putzen.
2. Die Orangen schälen und filetieren.
3. Die anderen zwei Orangen auspressen.
4. Nun die Tomaten waschen und halbieren.
5. Anschließend die Schalotten schälen und in Ringe schneiden.
6. Alle Zutaten in eine Schüssel geben und umrühren.
7. Orangensaft, Öl, Pfeffer und Salz miteinander vermischen, über den Salat geben und servieren.

61. Feldsalat mit Sojajoghurt und Weintrauben

Portionen: 4-6 Personen

Zutaten:

- 650 g Feldsalat
- 300 g rote Weintrauben
- 1 kleines Gläschen schwarze Oliven (entkernt)
- 2 Zwiebeln
- 450 g Sojajoghurt
- Salz und Pfeffer

Zubereitung:

1. Den Feldsalat waschen und putzen.
2. Nun die Weintrauben waschen und halbieren.
3. Anschließend die Oliven grob hacken.
4. Die Zwiebeln schälen und in Ringe schneiden.
5. Alle Zutaten in eine Schüssel geben und umrühren.
6. Zum Schluss gut würzen und servieren.

62. Frischer Babyspinat-Salat mit gehackten Walnüssen

Portionen: 4-6 Personen

Zutaten:

- 700 g Babyspinat
- 7 Stk. grüner Spargel
- 1 große Dose Mandarinen
- 1 Tasse Walnüsse
- 1 Schuss Olivenöl
- Salz und Pfeffer

Zubereitung:

1. Den Spinat waschen und gründlich putzen.
2. Den Spargel waschen, das Ende abknicken und in Stücke schneiden.
3. Nun die Mandarinen aus der Dose nehmen, durch ein Sieb geben und dabei das Fruchtwasser auffangen.
4. Die Walnüsse putzen und grob hacken.
5. Alle Zutaten in eine Schüssel geben und umrühren.
6. Mandarinensaft, Öl, Salz und Pfeffer miteinander vermengen, über den Salat geben und umrühren.

63. Fruchtiger Kartoffel-Kokos-Salat

Portionen: 4-6 Personen

Zutaten:

- 800 g Kartoffeln
- 2 Frühlingszwiebeln
- 1 Ananas
- 100 ml Kokosmilch
- Salz und Pfeffer

Zubereitung:

1. Zuerst die Kartoffeln schälen, waschen, halbieren und in Salzwasser gar kochen.
2. Die Frühlingszwiebeln schälen, waschen und in feine Röllchen schneiden.
3. Nun die Ananas schälen und in Stücke schneiden.
4. Alles in eine Schüssel geben und umrühren.
5. Zum Schluss gut würzen und servieren.

64. Fruchtiger Maissalat

Portionen: 4-6 Personen

Zutaten:

- 2 Dosen Mais
- 1 Ananas
- 2 rote Paprikaschoten
- 3 Frühlingszwiebeln
- 1 Schuss Olivenöl
- Salz und Pfeffer

Zubereitung:

1. Als Erstes den Mais durch ein Sieb geben und waschen.
2. Die Ananas schälen und in Würfel schneiden.
3. Nun die Paprikaschoten waschen, entkernen und ebenfalls in Würfel schneiden.
4. Anschließend die Frühlingszwiebeln schälen, waschen und in Röllchen schneiden.
5. Alle Zutaten in eine Schüssel geben und umrühren.
6. Zum Schluss Öl hinzufügen, gut würzen und servieren.

65. Fruchtiger Waldorfsalat mit Rucola

Portionen: 4-6 Personen

Zutaten:

- 200 g dunkle Weintrauben
- 500 g Rucola
- 2 rote Äpfel
- 2 grüne Äpfel
- 1 Handvoll Walnüsse
- 250 g Creme fraiche

- 200 g Naturjoghurt oder Schlagsahne
- 3 TL Zucker
- 1 Handvoll Rosinen
- Pfeffer

Zubereitung:

1. Als Erstes den Rucola waschen und putzen.
2. Die Weintrauben waschen und halbieren.
3. Nun die Äpfel waschen, entkernen und in Stücke schneiden.
4. Anschließend die Walnüsse grob hacken.
5. Creme fraiche und Joghurt miteinander vermischen und cremig rühren.
6. Alle Zutaten nun in eine Schüssel geben und umrühren.
7. Zum Schluss nach Belieben etwas würzen und servieren.

66. Frühlingssalat

Portionen: 4-6 Personen

Zutaten:

- 350 g Rucola
- 350 g Feldsalat
- 3 Frühlingszwiebeln
- 5 Schnittlauchhalme
- 1 Bund glatte Petersilie
- 2 gelbe Paprikaschoten
- 2 rote Paprikaschoten
- 2 orange Paprikaschoten
- 15 Cherry Tomaten
- Saft einer Zitrone
- 1 Schuss Olivenöl
- Salz und Pfeffer

Zubereitung:

1. Rucola und Feldsalat waschen und putzen.
2. Frühlingszwiebeln und Schnittlauch waschen, säubern und in Ringe schneiden.
3. Nun die Petersilie waschen und sehr fein hacken.
4. Die Paprikaschoten waschen, entkernen und in Streifen schneiden.
5. Anschließend die Tomaten waschen und halbieren.
6. Alle Zutaten in eine Schüssel geben und umrühren.
7. Öl, Zitronensaft hinzufügen und erneut umrühren.
8. Zum Schluss noch würzen und servieren.

67. Gemischter Obstsalat mit Baby-Bananen

Portionen: 4-6 Personen

Zutaten:

- 6 Baby-Bananen
- 1 Ananas
- 200 g helle Weintrauben
- 300 g Brombeeren
- 4 Kiwis
- 200 g Erdbeeren
- etwas Agavendicksaft oder Honig
- etwas Wasser
- Saft aus einer Limette oder Zitrone

Zubereitung:

1. Zuerst die Bananen schälen und in daumendicke Scheiben schneiden.
2. Die Ananas ebenfalls schälen, putzen und in Würfel schneiden.
3. Nun die Weintrauben waschen und halbieren.
4. Kiwis schälen und in Stücke schneiden.
5. Anschließend die Brombeeren waschen und verlesen.
6. Die Erdbeeren waschen, vom Strunk entfernen und in Scheiben schneiden.
7. Alle Zutaten nun in eine Schüssel geben und umrühren
8. Zum Schluss Wasser, Agavendicksaft und Limettensaft hinzufügen und servieren.

68. Gemischter Paprikasalat mit Oliven (scharf)

Portionen: 4-6 Personen

Zutaten:

- 3 gelbe Paprikaschoten
- 3 rote Paprikaschoten
- 3 orange Paprikaschoten
- 120 g schwarze Oliven (entkernt)

- 1 Bund glatte Petersilie
- 1 Chilischote
- 2 Knoblauchzehen
- 1 Schuss Olivenöl
- Salz und Pfeffer

Zubereitung:

1. Zuerst die Paprikaschoten waschen und in Streifen schneiden.
2. Nun die Oliven grob hacken.
3. Anschließend die Petersilie waschen und fein hacken.
4. Die Chilischote waschen, entkernen und klein hacken.
5. Danach den Knoblauch schälen und in feine Scheiben schneiden.
6. Alle Zutaten nun in eine Schüssel geben und umrühren.
7. Zum Schluss Öl hinzufügen, gut würzen und servieren.

69. Gemischter Salat mit Bohnen und Kichererbsen

Portionen: 4-6 Personen

Zutaten:

- 500 g Rucola
- 300 g Feldsalat
- 1 Dose Kichererbsen
- 1 Dose weiße Bohnen
- 1 Salatgurke
- 1 Schuss Olivenöl
- 2 TL Paprikapulver
- Salz und Pfeffer

Zubereitung:

1. Kichererbsen und Bohnen durch ein Sieb geben und gründlich waschen.
2. Rucola und Feldsalat waschen und putzen.
3. Nun die Gurke waschen und in Würfel schneiden.
4. Alle Zutaten in eine Schüssel geben und umrühren.
5. Zum Schluss Paprikapulver, Öl, Salz und Pfeffer hinzufügen und umrühren.

70. Indischer Ananas-Reis-Salat

Portionen: 4-6 Personen

Zutaten:

- 4 Tassen Reis
- 8 Tassen Wasser
- 1 große Ananas
- 1 grüne Paprikaschote
- 1 rote Paprikaschote
- 1 Handvoll glatte Petersilie
- 4 TL Currypulver
- 100 ml Kokosmilch
- Salz und Pfeffer

Zubereitung:

1. Zuerst den Reis sehr gründlich waschen.
2. Den Reis, mit Wasser und Salz, in einen Topf geben und gar kochen.
3. In der Zwischenzeit die Ananas schälen und in Stücke schneiden.
4. Paprikaschoten waschen, entkernen und ebenfalls in kleine Würfel schneiden.
5. Petersilie waschen und fein hacken.
6. Alle Zutaten in eine Schüssel geben und umrühren.
7. Zum Schluss gut würzen und servieren.

71. Kichererbsen-Rucola-Salat

Portionen: 4-6 Personen

Zutaten:

- 2 Packungen Rucola
- 1 große Dose vorgekochte Kichererbsen
- 2 Zwiebeln
- 1 Salatgurke
- Saft einer halben Zitrone
- 1 Schuss Olivenöl oder Rapsöl
- Salz und Pfeffer

Zubereitung:

1. Als Erstes die Kichererbsen aus der Dose nehmen, durch ein Sieb geben und gründlich waschen.
2. Den Rucola waschen und putzen.
3. Nun die Zwiebel schälen und in Ringe schneiden.
4. Anschließend die Gurke waschen und in größere Würfel schneiden.
5. Alle Zutaten in eine Schüssel geben und umrühren.
6. Öl, Zitronensaft hinzufügen, gut würzen und servieren.

72. Kichererbsen-Spinat-Salat mit Mangos

Portionen: 4-6 Personen

Zutaten:

- 2 Dosen vorgekochte Kichererbsen
- 2 Packungen Babyspinat
- 4 Mangos

- 4 Avocados
- 1 Schuss Olivenöl
- Saft einer Zitrone
- Salz und Pfeffer

Zubereitung:

1. Zuerst die Dosen durch ein Sieb geben und gründlich waschen.
2. Babyspinat waschen und putzen.
3. Nun die Mangos schälen, das Fruchtfleisch vom Kern entfernen und in Würfel schneiden.
4. Die Avocados halbieren, entkernen und das Fruchtfleisch ebenfalls würfeln.
5. Alle Zutaten in eine Schüssel geben und umrühren.
6. Öl und Zitronensaft hinzufügen, gut würzen und servieren.

73. Kiwi-Ananas-Salat mit Feigen

Portionen: 4-6 Personen

Zutaten:

- 6 Kiwis
- 1 Ananas
- 600 g Babyspinat
- 5 frische Feigen

- 1 Granatapfel
- Saft aus 3 Orangen
- Saft einer Limette
- etwas Agavendicksaft oder Honig

Zubereitung:

1. Als Erstes den Spinat waschen und putzen.
2. Die Kiwis schälen und in Stücke schneiden.
3. Nun die Ananas schälen und ebenfalls in Stücke schneiden.
4. Anschließend die Feigen gründlich putzen und vierteln.
5. Für das Dressing werden Agavendicksaft, Orangen- und Limettensaft miteinander vermengt und vermischt.
6. Alle Zutaten nun in eine Schüssel geben und umrühren.

74. Leichter Spinatsalat

Portionen: 4-6 Personen

Zutaten:

- 2 Packungen frischer Babyspinat
- 2 gelbe Paprikaschoten
- 1 Salatgurke
- 2 Schalotten
- 1 Dose Mais
- 1 Schuss Olivenöl
- Saft einer halben Zitrone
- Salz und Pfeffer

Zubereitung:

1. Zuerst den Spinat waschen und putzen.
2. Die Paprikaschoten waschen, entkernen und in Streifen schneiden.
3. Nun die Salatgurke waschen, putzen, längs halbieren und in Scheiben schneiden.
4. Anschließend die Schalotten schälen, halbieren und in hauchdünne Ringe schneiden.
5. Den Mais aus der Dose nehmen, durch ein Sieb geben und einmal durchspülen.
6. Alle Zutaten, inklusive Öl und Zitronensaft, in eine Salatschüssel geben und umrühren.
7. Zum Schluss noch würzen und servieren.

75. Mango-Papaya-Salat mit Maracuja-Dressing

Portionen: 4-6 Personen

Zutaten:

- 6 Mangos
- 1 große Papaya
- 1 Bund frische Minze
- 5 Maracujas
- etwas Agavendicksaft
- etwas Wasser

Zubereitung:

1. Als Erstes die Mangos schälen, das Fruchtfleisch vom Kern entfernen und in Würfel schneiden.
2. Die Papaya ebenfalls schälen, entkernen und in Würfel schneiden.
3. Nun die frische Minze waschen und fein hacken.
4. Anschließend die Maracujas halbieren und das Fruchtfleisch heraus löffeln.
5. Maracuja-Fleisch, Agavendicksaft und Wasser in einen Smoothie-Mixer geben und fein pürieren.
6. Obst und Minze in eine Schüssel geben und umrühren.
7. Zum Schluss Maracuja-Dressing hinzufügen und servieren.

76. Mango-Spinat-Salat mit Macadamia-Nüssen

Portionen: 4-6 Personen

Zutaten:

- 2 Packungen frischer Babyspinat
- 3 Mangos
- 3 Avocados
- 1 Handvoll gesalzene Macadamia-Nüsse
- Saft einer Orange
- 1 Schuss Olivenöl
- Salz und Pfeffer

Zubereitung:

1. Als Erstes den Spinat waschen und putzen.
2. Die Mangos schälen, das Fruchtfleisch vom Kern entfernen und in feine Streifen schneiden.
3. Nun die Avocados halbieren, entkernen und das Fruchtfleisch würfeln.
4. Anschließend die Nüsse grob hacken.
5. Alle Zutaten in eine große Schüssel geben und vorsichtig umrühren.
6. Orangensaft, Olivenöl, Salz und Pfeffer miteinander vermischen, über den Salat geben und servieren.

77. Mediterraner Kokos-Kartoffelsalat

Portionen: 4-6 Personen

Zutaten:

- 1000 g Kartoffeln
- 300 g Kokoscreme/Kokosmus
- 3 TL Kokosöl
- 400 g Sojajoghurt
- 2 TL getrocknetes Rosmarin

- 1 TL getrockneter Thymian
- 2 EL getrocknete Minze
- 1 Schuss Olivenöl
- Salz und Pfeffer

Zubereitung:

1. Als Erstes die Kartoffeln schälen, würfeln, in Salzwasser gar kochen und abkühlen lassen.
2. Die getrockneten Kräuter, Kokoscreme, Kokosöl und Sojajoghurt vorab miteinander vermischen und cremig rühren.
3. Zum Schluss alle Zutaten in eine Schüssel geben, umrühren und servieren.

78. Mediterraner Nudelsalat

Portionen: 4-6 Personen

Zutaten:

- 1 Packung Spiralnudeln
- 6-8 getrocknete Tomaten
- 50 g schwarze Oliven (ohne Kerne)
- 1 Bund glatte Petersilie
- 3 gelbe Paprikaschoten
- 1 Schuss Olivenöl
- Salz und Pfeffer

Zubereitung:

1. Zuerst die Nudeln, in Salzwasser, gar kochen. Danach abkühlen lassen.
2. In der Zwischenzeit die getrockneten Tomaten grob hacken.
3. Die Oliven in Röllchen schneiden.
4. Nun die Petersilie waschen und sehr fein hacken.
5. Anschließend die Paprikaschoten waschen, entkernen und in Würfel schneiden.
6. Alle Zutaten in eine große Salatschüssel geben und gut umrühren.
7. Nochmals würzen und servieren.

79. Mediterraner Nudelsalat (scharf)

Portionen: 4-6 Personen

Zutaten:

- 1 Packung Farfalle
- 1 Bund Basilikum
- 1 Bund glatte Petersilie
- 1 Chilischote
- 2 Schalotten

- 1 kleine Flasche Salsasauce
- 3 Knoblauchzehen
- 3 TL getrockneter Oregano
- 1 Schuss Olivenöl
- Salz und Pfeffer

Zubereitung:

1. Zuerst die Nudeln, in Salzwasser, gar kochen und abkühlen lassen.
2. Basilikum und Petersilie waschen und fein hacken.
3. Nun die Chilischote waschen, entkernen und klein hacken.
4. Anschließend die Schalotten schälen und in feine Würfel schneiden.
5. Den Knoblauch schälen und ebenfalls fein hacken.
6. Alle Zutaten in eine Schüssel geben und umrühren.
7. Olivenöl hinzufügen, gut würzen und servieren.

80. Melonensalat mit Honig-Minz-Dressing

Portionen: 4-6 Personen

Zutaten:

- 1 Honigmelone
- 1 Papaya
- 1 Granatapfel
- 300 g Heidelbeeren

- 5 EL Honig
- Saft aus 2 Limetten
- 1 kleines Bund frische Minze

Zubereitung:

1. Die Honigmelone halbieren, entkernen und das Fruchtfleisch in Stücke schneiden.
2. Nun die Papaya ebenfalls halbieren, entkernen und das Fruchtfleisch in Würfel schneiden.
3. Anschließend den Granatapfel halbieren und die Kerne vorsichtig entnehmen.
4. Die Heidelbeeren waschen und verlesen.
5. Danach die frische Minze waschen und fein hacken.
6. Alle Zutaten in eine Schüssel geben und umrühren.
7. Zum Schluss Limettensaft und Honig hinzufügen und servieren.

81. Mexikanischer Bohnen-Tomaten-Salat

Portionen: 4-6 Personen

Zutaten:

- 1 Dose Kidneybohnen
- 1 Dose Mais
- 3 Schalotten
- 650 g Fleischtomaten

- 2 Knoblauchzehen
- 1 Schuss Rapsöl oder Olivenöl
- Saft einer halben Limette
- Salz und Pfeffer

Zubereitung:

1. Kidneybohnen und Mais aus der Dose nehmen, durch ein Sieb geben und gründlich waschen.
2. Die Schalotten schälen und in feine Würfel schneiden.
3. Nun die Tomaten waschen, vom Strunk entfernen und in mittelgroße Stücke schneiden.
4. Den Knoblauch schälen und in feine Scheiben schneiden.
5. Alle Zutaten in eine Schüssel geben und umrühren.
6. Öl und Zitronensaft hinzufügen, gut würzen und servieren.

82. Nudel-Brokkoli-Salat mit Couscous

Portionen: 4-6 Personen

Zutaten:

- 500 g Spiralnudeln
- 1 Brokkolikopf
- 2 Tassen grober Couscous
- 1 Schalotte
- 1 Schuss Olivenöl
- Salz und Pfeffer

Zubereitung:

1. Zuerst die Nudeln, in Salzwasser, gar kochen, abgießen und erkalten lassen.
2. Den Brokkoli in kleine Röschen schneiden und putzen.
3. Die Brokkoli-Röschen ebenfalls gar kochen und erstmal beiseite stellen.
4. Den Couscous, mit etwa 150ml Wasser vermischen und für etwa 10 Minuten quellen lassen.
5. Die Schalotte schälen und fein würfeln.
6. Alle Zutaten in eine Schüssel geben und umrühren.
7. Zum Schluss Öl hinzufügen, gut würzen und servieren.

83. Oliven-Avocado-Salat mit Chili (scharf)

Portionen: 4-6 Personen

Zutaten:

- 1 kleines Glas schwarze Oliven (entkernen)
- 5 Avocados
- 500 g Fleischtomaten
- 3 Knoblauchzehen
- 1 Chilischote
- 1 kleines Bund glatte Petersilie
- 1 Schuss Rapsöl oder Olivenöl
- Saft einer halben Zitrone
- Salz und Pfeffer

Zubereitung:

1. Als Erstes die Oliven aus dem Glas nehmen, abtropfen und grob hacken.
2. Die Avocados halbieren, entkernen und in Würfel schneiden.
3. Nun die Tomaten waschen, vom Strunk entfernen und ebenfalls würfeln.
4. Anschließend den Knoblauch schälen und in feine Scheiben schneiden.
5. Die Chilischote waschen, entkernen und fein hacken.
6. Danach die Petersilie waschen und fein hacken.
7. Alle Zutaten in eine Schüssel geben und umrühren.
8. Zum Schluss Öl und Zitronensaft hinzufügen, gut würzen und servieren.

84. Rucola-Apfel-Salat mit Rosinen und Orangen

Portionen: 4-6 Personen

Zutaten:

- 500-650 g Rucola
- 3 rote Äpfel
- 1 Handvoll Rosinen
- 3 Orangen
- Saft einer Limette
- 1 Schuss Olivenöl
- Salz und Pfeffer

Zubereitung:

1. Als Erstes den Rucola waschen und gründlich putzen.
2. Die Äpfel waschen, entkernen und in sehr feine Scheiben schneiden.
3. Nun die Orangen schälen und vorsichtig filetieren.
4. Alle Zutaten in eine Schüssel geben und umrühren.
5. Limettensaft, Öl, Salz und Pfeffer vermischen, über den Salat geben und servieren.

85. Rucola-Aprikosen-Salat mit Rote Beete

Portionen: 4-6 Personen

Zutaten:

- 600 g Rucola
- 200 g Feldsalat
- 6 frische Aprikosen
- 3 Rote Bete Knollen (vorgekocht)
- 2 gelbe Paprikaschoten
- 1 Schuss Olivenöl
- Salz und Pfeffer

Zubereitung:

1. Als Erstes Rucola und Feldsalat waschen und putzen.
2. Aprikosen waschen, entkernen und grob hacken.
3. Nun die Bete waschen, säubern und in kleine Würfel schneiden.
4. Anschließend die Paprikaschoten waschen, entkernen und ebenfalls würfeln.
5. Alle Zutaten in eine Schüssel geben und umrühren.
6. Öl hinzufügen, gut würzen und servieren.

86. Schalotten-Tomaten-Salat mit Ingwer-Dressing (scharf)

Portionen: 4-6 Personen

Zutaten:

- 750 g Fleischtomaten
- 3 Schalotten
- 1 kleines Stück Ingwer
- 2 Knoblauchzehen
- Saft einer Zitrone
- 1 Handvoll glatte Petersilie
- 1 Schuss Olivenöl
- Salz und Pfeffer

Zubereitung:

1. Als Erstes die Tomaten waschen, vom Strunk entfernen und in Stücke schneiden.
2. Die Schalotten schälen und in Ringe schneiden.
3. Ingwer und Knoblauch schälen und sehr fein zerdrücken.
4. Zitronensaft, Ingwer, Knoblauch, Öl, Salz und Pfeffer vorab miteinander vermischen und umrühren.
5. Nun alle Zutaten in eine Schüssel geben und umrühren.
6. Zum Schluss Dressing hinzufügen, erneut würzen und servieren.

87. Schneller Champignonsalat

Portionen: 4-6 Personen

Zutaten:

- 300 g braune Champignon
- 200 g weiße Champignon
- 3 Schalotten
- 500 g Feldsalat

- 1 Handvoll Rucola
- 1 Schuss Olivenöl
- Salz und Pfeffer

Zubereitung:

1. Zuerst die Champignons putzen und in Scheiben schneiden.
2. Rucola und Feldsalat waschen und putzen.
3. Nun die Schalotten schälen und in Ringe schneiden.
4. Alle Zutaten in eine Schüssel geben und umrühren.
5. Zum Schluss Öl hinzufügen, gut würzen und servieren.

88. Schneller Tomaten-Zwiebel-Salat

Portionen: 4-6 Personen

Zutaten:

- 1000 g Fleischtomaten
- 3-4 Zwiebeln
- 1 Bund glatte Petersilie
- 1 Schuss Rapsöl
- Salz und Pfeffer

Zubereitung:

1. Zuerst die Tomaten waschen, vom Strunk entfernen und in kleine Würfel schneiden.
2. Die Zwiebeln schälen und ebenfalls fein würfeln.
3. Nun die Petersilie waschen und sehr fein hacken.
4. Alle Zutaten in eine Schüssel geben, Öl hinzufügen, gut würzen und sofort servieren.

89. Spargel-Kartoffel-Salat

Portionen: 4-6 Personen

Zutaten:

- 1 Bund weißer Spargel
- 750 g Kartoffeln
- 3 Frühlingszwiebeln
- 3 Karotten
- Salz und Pfeffer
- 1 Schuss Rapsöl

Zubereitung:

1. Die Kartoffeln schälen, waschen, in Stücke schneiden, in Salzwasser gar kochen und abkühlen lassen.
2. In der Zwischenzeit den Spargel schälen, das Ende abtrennen und in Stücke schneiden.
3. Nun die Frühlingszwiebeln schälen, waschen und in Röllchen schneiden.
4. Die Karotten schälen, waschen und in dünne Scheiben schneiden.
5. Alle Zutaten in eine Schüssel geben und umrühren.
6. Öl hinzufügen, würzen und servieren.

90. Spinatsalat mit Champignons und Ingwer (scharf)

Portionen: 4-6 Personen

Zutaten:

- 2 Packungen Babyspinat
- 300 g braune Champignons
- 2 Schalotten
- 1 kleines Stück Ingwer
- 3 Knoblauchzehen
- Saft aus 2 Zitronen
- 1 Schuss Olivenöl
- Pfeffer und Salz

Zubereitung:

1. Als Erstes den Spinat waschen und putzen.
2. Die Pilze putzen und in feine Scheiben schneiden.
3. Nun die Schalotten schälen und in Ringe schneiden.
4. Ingwer schälen, putzen und fein hacken.
5. Anschließend den Knoblauch schälen und ebenfalls fein hacken.
6. Alle Zutaten, außer die Champignons, in eine Schüssel geben und umrühren.
7. Öl und Zitronensaft hinzufügen, gut würzen, mit Champignons garnieren und servieren.

91. Stachelbeeren-Salat mit Spinat

Portionen: 4-6 Personen

Zutaten:

- 350 g Stachelbeeren
- 200 g Heidelbeeren
- 300 g Erdbeeren
- 2 Packungen frischer Babyspinat
- Saft einer Limette
- etwas Agavendicksaft

Zubereitung:

1. Stachel- und Heidelbeeren waschen und verlesen.
2. Die Erdbeeren waschen, vom Strunk entfernen und in Scheiben schneiden.
3. Den Babyspinat waschen und putzen.
4. Alle Zutaten in eine Schüssel geben und umrühren.
5. Zum Schluss Limettensaft und Agavendicksaft hinzufügen und servieren.

92. Süßer Erdbeer-Salat

Portionen: 4-6 Personen

Zutaten:

- 700 g frische Erdbeeren
- 5-7 EL Zucker
- 30-50 ml Wasser

Zubereitung:

1. Als Erstes die Erdbeeren waschen, vom Strunk entfernen und würfeln.

2. Zum Schluss Erdbeeren in eine Schüssel geben, Zucker und Wasser hinzufügen, gründlich umrühren und für etwa 10 Minuten in den Kühlschrank stellen.

93. Rote-Beete-Salat mit Orangen

Portionen: 4-6 Personen

Zutaten:

- 4 Rote-Beete-Knollen (vorgekocht)
- 5 Orangen
- 3 Schalotten
- 1 Bund glatte Petersilie
- 1 Schuss Olivenöl
- Pfeffer

Zubereitung:

1. Als Erstes die Rote Bete putzen und in Würfel schneiden.
2. Die Orangen schälen und filetieren.
3. Nun die Schalotten schälen und in Ringe schneiden.
4. Anschließend die Petersilie waschen und fein hacken.
5. Alle Zutaten in eine Schüssel geben und umrühren.
6. Zum Schluss Öl hinzufügen, gut würzen und servieren.

94. Rucola-Möhren-Salat mit Süßkartoffeln

Portionen: 4-6 Personen

Zutaten:

- 650 g Rucola
- 4 Möhren
- 3 Süßkartoffeln
- 3 Schalotten
- 70 g Pinienkerne
- 2 gelbe Paprikaschoten
- 1 Schuss Olivenöl
- Salz und Pfeffer
- Butter oder Öl zum Braten

Zubereitung:

1. Zuerst den Rucola waschen und putzen.
2. Die Möhren schälen, waschen und in feine Scheiben schneiden.
3. Die Süßkartoffeln schälen, in Würfel schneiden, leicht würzen und für 20 Minuten, im Backofen, garen. Dabei gelegentlich umrühren.
4. In der Zwischenzeit die Schalotten schälen und in Ringe schneiden.
5. Paprikaschoten waschen, entkernen und würfeln.
6. In einer Pfanne etwas Öl oder Butter erhitzen, die Pinienkerne anrösten und abkühlen lassen.
7. Alle Zutaten nun in eine Schüssel geben und umrühren.
8. Öl hinzufügen, gut würzen und servieren.

95. Rucola-Schalotten-Salat mit Brombeeren

Portionen: 4-6 Personen

Zutaten:

- 2 Packungen Rucola
- 1 Packung Feldsalat
- 300-400 g Brombeeren
- 3 Schalotten
- 4 Orangen

- 2 Avocados
- 1 Schuss Olivenöl
- Saft aus einer Zitrone oder Limette
- Salz und Pfeffer

Zubereitung:

1. Als Erstes Rucola und Feldsalat waschen und putzen.
2. Die Brombeeren waschen und verlesen.
3. Nun die Schalotten schälen und in Ringe schneiden.
4. Anschließend die Orangen schälen und filetieren.
5. Die Avocados halbieren, entkernen und das Fruchtfleisch grob würfeln.
6. Alle Zutaten in eine Schüssel geben und umrühren.
7. Öl und Zitronensaft hinzufügen, gut würzen und servieren.

96. Tomaten-Schalotten-Salat mit weißen Bohnen

Portionen: 4-6 Personen

Zutaten:

- 2 Dosen vorgekochte weiße Bohnen
- 2 Schalotten
- 500-650 g Fleischtomaten

- 1 Bund glatte Petersilie
- 1 Schuss Olivenöl
- Saft einer halben Zitrone
- Salz und Pfeffer

Zubereitung:

1. Als Erstes die Schalotten schälen und in feine Ringe schneiden.
2. Die Tomaten waschen, vom Strunk entfernen und in grobe Stücke schneiden.
3. Nun die Petersilie waschen und fein hacken.
4. Anschließend die Bohnen aus der Dose nehmen, durch ein Sieb geben und gründlich waschen.
5. Alle Zutaten, inklusive Bohnen und Zitronensaft, in eine Salatschüssel geben und verrühren.
6. Zum Schluss gut würzen, Öl hinzufügen und servieren.

97. Veganer Kokos-Kartoffelsalat mit Radieschen

Portionen: 4-6 Personen

Zutaten:

- 750-1000 g Kartoffeln
- 300 g Kokosmus/Kokoscreme
- 150 g Sojajoghurt
- 3 große Gewürzgurken
- 2 Schalotten
- 3 TL Zucker
- 2 EL Weißweinessig
- 1 Schuss Speiseöl
- Salz und Pfeffer

Zubereitung:

1. Als Erstes die Kartoffeln schälen, waschen, in Würfel schneiden und in Salzwasser gar kochen. Anschließend umfüllen und erkalten lassen.
2. In der Zwischenzeit die Gurken in feine Würfel schneiden.
3. Die Schalotten schälen und ebenfalls fein hacken.
4. Anschließend alle Zutaten in eine große Schüssel geben und vorsichtig umrühren.
5. Zum Schluss abschmecken und servieren.

98. Veganer Kartoffelsalat mit Joghurt und Creme fraiche

Portionen: 4-6 Personen

Zutaten:

- 750-1000 g Kartoffeln
- 7 Radieschen
- 3 Gewürzgurken
- 300 g Sojajoghurt oder Lupinenjoghurt
- 200 g veganes Creme fraiche
- 2 EL Weißweinessig
- 2 TL Zucker
- Salz und Pfeffer

Zubereitung:

1. Die Kartoffeln schälen, waschen, halbieren und in Salzwasser gar kochen.
2. In der Zwischenzeit die Radieschen waschen, putzen und in feine Scheiben schneiden.
3. Nun die Gewürzgurken in kleine Würfel schneiden.
4. Anschließend die Kartoffeln in Scheiben oder Stücke schneiden.
5. Alle Zutaten in eine Schüssel geben und umrühren.
6. Zum Schluss gut würzen und servieren.

99. Veganer Zwiebel-Joghurt-Salat

Portionen: 4-6 Personen

Zutaten:

- 6 Zwiebeln
- 2 Schalotten
- 500 g Sojajoghurt
- 1 Handvoll glatte Petersilie
- 3 Frühlingszwiebeln
- Saft einer Zitrone
- 1 Schuss Olivenöl
- Pfeffer

Zubereitung:

1. Als Erstes Zwiebeln und Schalotten schälen und in hauchdünne Ringe schneiden.
2. Die Frühlingszwiebeln schälen, waschen und in feine Röllchen schneiden.
3. Nun die Petersilie waschen und fein hacken.
4. Alle Zutaten in eine Schüssel geben und umrühren.
5. Zum Schluss abschmecken und servieren.

100. Zweierlei Kartoffelsalat

Portionen: 4-6 Personen

Zutaten:

- 750 g Kartoffeln
- 3 Süßkartoffeln
- 5 Frühlingszwiebeln
- 2 Schalotten
- 1 Schuss Olivenöl/Rapsöl
- 1 Bund glatte Petersilie
- Salz und Pfeffer

Zubereitung:

1. Zuerst die Kartoffeln schälen, waschen, in Stücke schneiden und in Salzwasser gar kochen.
2. Die Süßkartoffeln ebenfalls schälen, in Stücke schneiden und in Salzwasser gar kochen.
3. In der Zwischenzeit die Frühlingszwiebeln schälen, waschen und in Röllchen schneiden.
4. Die Schalotten schälen und fein hacken.
5. Nun die Petersilie waschen und ebenfalls fein hacken.
6. Alle Zutaten in eine Schüssel geben und umrühren.
7. Zum Schluss Öl hinzufügen, gut würzen und servieren.

Rechtliches und Impressum

Das Werk einschließlich aller Inhalte ist urheberrechtlich geschützt. Der Nachdruck oder Reproduktion, gesamt oder auszugsweise, sowie die Einspeicherung, Verarbeitung, Vervielfältigung und Verbreitung mit Hilfe elektronischer Systeme, gesamt oder auszugsweise, ist ohne schriftliche Genehmigung des Autors untersagt. Alle Übersetzungsrechte vorbehalten.

Die Inhalte dieses Buches wurden anhand von anerkannten Quellen recherchiert und mit hoher Sorgfalt geprüft. Der Autor übernimmt dennoch keinerlei Gewähr für die Aktualität, Richtigkeit und Vollständigkeit der bereitgestellten Informationen.

Haftungsansprüche gegen den Autor, welche sich auf Schäden gesundheitlicher, materieller oder ideeler Art beziehen, die durch Nutzung oder Nichtnutzung der dargebotenen Informationen bzw. durch die Nutzung fehlerhafter und unvollständiger Informationen verursacht wurden, sind grundsätzlich ausgeschlossen, sofern seitens des Autors kein nachweislich vorsätzliches oder grob fahrlässiges Verschulden vorliegt. Dieses Buch ist kein Ersatz für medizinische oder professionelle Beratung und Betreuung.